BEI GRIN MACHT SICH IHR WISSEN BEZAHLT

- Wir veröffentlichen Ihre Hausarbeit, Bachelor- und Masterarbeit

- Ihr eigenes eBook und Buch - weltweit in allen wichtigen Shops

- Verdienen Sie an jedem Verkauf

Jetzt bei www.GRIN.com hochladen und kostenlos publizieren

Bibliografische Information der Deutschen Nationalbibliothek:

Die Deutsche Bibliothek verzeichnet diese Publikation in der Deutschen Nationalbibliografie; detaillierte bibliografische Daten sind im Internet über http://dnb.d-nb.de/ abrufbar.

Dieses Werk sowie alle darin enthaltenen einzelnen Beiträge und Abbildungen sind urheberrechtlich geschützt. Jede Verwertung, die nicht ausdrücklich vom Urheberrechtsschutz zugelassen ist, bedarf der vorherigen Zustimmung des Verlages. Das gilt insbesondere für Vervielfältigungen, Bearbeitungen, Übersetzungen, Mikroverfilmungen, Auswertungen durch Datenbanken und für die Einspeicherung und Verarbeitung in elektronische Systeme. Alle Rechte, auch die des auszugsweisen Nachdrucks, der fotomechanischen Wiedergabe (einschließlich Mikrokopie) sowie der Auswertung durch Datenbanken oder ähnliche Einrichtungen, vorbehalten.

Impressum:

Copyright © 2015 GRIN Verlag, Open Publishing GmbH
Druck und Bindung: Books on Demand GmbH, Norderstedt Germany
ISBN: 978-3-668-12798-2

Dieses Buch bei GRIN:

http://www.grin.com/de/e-book/313894/konzepte-zum-umgang-mit-unterrichtss-toerungen-in-klassen-mit-verhaltensgestoerten

Anna Em

Konzepte zum Umgang mit Unterrichtsstörungen in Klassen mit verhaltensgestörten Schülern

Bindungserfahrungen als Krise und Chance?

GRIN Verlag

GRIN - Your knowledge has value

Der GRIN Verlag publiziert seit 1998 wissenschaftliche Arbeiten von Studenten, Hochschullehrern und anderen Akademikern als eBook und gedrucktes Buch. Die Verlagswebsite www.grin.com ist die ideale Plattform zur Veröffentlichung von Hausarbeiten, Abschlussarbeiten, wissenschaftlichen Aufsätzen, Dissertationen und Fachbüchern.

Besuchen Sie uns im Internet:

http://www.grin.com/

http://www.facebook.com/grincom

http://www.twitter.com/grin_com

Die 4. Klasse der Schule mit dem Förderschwerpunkt „Lernen" wird bis auf Sport und Musik in allen Unterrichtsfächern von ihrer Klassenlehrerin unterrichtet. Frau Grabows Verhältnis zu den Schülerinnen und Schülern ist gut, sie ist sehr geduldig, gestaltet den Unterricht abwechslungsreich und achtet auf Differenzierung. Doch obwohl sie einen guten Draht zu den Schülern hat, stehen Unterrichtsstörungen und Konflikte auf der Tagesordnung. Schon der Stundenbeginn verzögert sich regelmäßig, weil einige Schüler ihre Materialien nicht ausgepackt haben, noch einmal zur Toilette müssen oder nach der Hofpause noch kleinere Streitigkeiten austragen. Oft handelt es sich um Bagatellstörungen, wie Schwatzen, Zwischenrufe und verbale Auseinandersetzungen zwischen den Schülern, sehr häufig aber auch um motorische Unruhe, die sich in unangemessenem Herumlaufen oder anderen Aktivitäten äußert. Zu Verzögerungen und Störungen im Unterrichtsablauf kommt es auch durch unerledigte Hausaufgaben, Zuspätkommen oder allgemein aufgrund mangelnder Lernmotivation. Häufige Fehlzeiten einiger Schüler sind ebenfalls ein Thema, wobei die Krankschreibungen durch die Eltern nicht immer schriftlich vorliegen bzw. die Begründungen nicht glaubhaft erscheinen.

Die hier beschriebenen Unterrichtsstörungen gehören zum Alltag von Pädagogen und Schülern, sie sind in unterschiedlichem Ausmaß im Unterrichtsgeschehen aller Klassenstufen und –Schularten beobachtbar. Unterrichtsstörungen werden von Lehrkräften als zunehmend stärker werdende Belastung wahrgenommen, wobei dieser Fakt von Erziehungshilfeschulen und in steigerndem Maße auch von Schulen mit dem Förderschwerpunkt „Lernen" besonders deutlich vermeldet wird. In Lehrerbelastungsstudien erwiesen sich Unterrichtsstörungen als besonders gravierende Stressfaktoren, die nachweislich sowohl Lehrergesundheit als auch die Wirksamkeit des Unterrichts beeinträchtigen.

Unterrichtsstörungen können von verschiedenen Standpunkten aus erklärt werden: mit Blick auf die Schüler und deren Eigenschaften und Verhaltensweisen, als Unterrichtsstörung, die aus Eigenschaften und Verhaltensweisen der Lehrkraft resultiert oder als Unterrichtsstörung, die durch äußere Bedingungen – schulische und institutionelle Rahmenbedingungen - hervorgerufen wird. Die eingangs beschriebenen Störungen ließen sich wohl am ehesten unter der Kategorie „Disziplinschwierigkeiten" verorten, die von Schülern gezeigt werden und gegenüber denen der Pädagoge Präsenz zeigen, auf die er Einfluss nehmen, die er natürlich auch unter didaktischem Gesichtspunkt („Passung von Inhalt / Methode und Schülerschaft") beleuchten muss.

Es sollte dabei nicht darum gehen, Störungen möglichst effektiv zu bekämpfen, sondern vielmehr darum, Rahmenbedingungen für guten Unterricht zu schaffen, so dass Unterrichtsstörungen gar nicht (oder realistischer: in geringerem Ausmaß) auftreten. Gefragt ist eine – möglicherweise *die* - Basiskompetenz von Lehrkräften: das Herstellen und Aufrechterhalten von Ordnungsstrukturen im Klassenraum.

Eine Vielzahl an Trainingsprogrammen und pädagogischen Konzepten bieten Erklärungsansätze und Handlungsmöglichkeiten für den Umgang mit Unterrichtsstörungen. Ein Klassiker in Bezug auf das Erlernen von Klassenführungskompetenz ist dabei das Konzept des „Classroom Managements". Lehrkräfte greifen darauf sehr häufig zurück, da es einen gut strukturierten Überblick über die vielschichtigen Aufgaben bei der Klassenführung ermöglicht. Classroom Management bietet ihnen eine Vielzahl von Maßnahmen, die sie präventiv ergreifen können, um von vornherein einen möglichst störungsfreien Unterricht zu gewährleisten, das Klassenklima zu verbessern und Disziplinschwierigkeiten und Konflikte zu vermeiden. Ein wesentlicher Baustein ist dabei die eigene gute Vorbereitung auf die Schüler, deren besondere Bedürfnisse, ihren sozialen Entwicklungsstand und Lernstand. Mit Blick auf die eigenen pädagogischen Ziele und Erwartungen muss mit den Schülern ein Regelsystem erarbeitet, eingeführt, geübt und konsequent verfolgt werden. Dem ritualisierten Üben von Verfahrensabläufen kommt dabei große Bedeutung zu. Bezug nehmend auf den Unterricht in der eingangs beschriebenen Förderschulklasse könnte somit Unterrichtsstörungen, wie verspätetem Auspacken der Unterrichtsmaterialien, Zwischenrufen und Schwatzen etc. durch konsequente Klassenführung prinzipiell vorgebeugt werden.

Diese Disziplin- bzw. Bagatellkonflikte stellen jedoch nicht das eigentliche Problem für die Lehrerin besagter Förderschulklasse dar, sondern die Störungen, die im Unterricht mit stark verhaltensauffälligen Schülern auftreten. Lehrkräfte beklagen vor allem das mangelnde Anpassungsvermögen dieser Schüler an andere Peers in Gruppenarbeitssituationen und die starke Tendenz zu Verweigerung und aggressivem Verhalten. In zunehmendem Maße als besonders belastend beschreibt die Lehrerin den Umgang mit Schülern, die ihr gegenüber ein sehr widersprüchliches Verhalten zeigen – sie bewegen sich in einem Kontinuum zwischen „extrem Nähe suchend" und „aggressiv ausagierend". Hier scheinen Lehrkräfte an die Grenzen solcher vorwiegend behavioristisch – kognitionspsychologisch ausgerichteter Konzepte zur Klassenführung zu stoßen.

So besteht beispielsweise Frau Grabows täglich größte Sorge darin, dass Jonas wieder „austicken" könnte. Jonas gehört zu den Leistungsstärksten der Klasse, ist aber schnell verunsichert und frustriert, wenn ihm etwas nicht sofort gelingt. Wesentlich häufiger als die übrigen Schüler bittet er die Lehrerin, ihm zu helfen und wird schnell wütend, wenn er warten muss. Die allgemeine Festlegung, dass, wenn alle Aufgaben erledigt sind, sich die Schüler auf Nachfrage bei der Lehrerin die letzten Minuten der Unterrichtsstunde am Gruppentisch leise beschäftigen dürfen, erkennt Jonas nicht an. Bei Desinteresse oder gefühlter Überforderung setzt er sich gelegentlich auch ohne Aufforderung an den Gruppentisch und puzzelt. Die unerledigten Aufgaben werden meist nicht nachgearbeitet. Verlangt Frau Grabow, er solle zuerst wenigstens einen Teil seiner Aufgaben erledigen, fängt er an, mit seinen Stiften auf dem Tisch zu trommeln, immer lauter, bis die anderen Schüler genervt sind und selbst nicht mehr arbeiten können. Die Lehrerin versucht es so lang wie möglich „im Guten", denn Verwarnungen haben keinen positiven Effekt. Der Aufforderung, den Raum zu verlassen, kommt Jonas nicht nach, sondern reagiert verbal und körperlich aggressiv. Versuche, ihn aus der Situation zu nehmen, gestalten sich derart, dass Jonas – sofern er nicht auch das verhindert – von der Lehrerin mit dem Stuhl aus dem Klassenraum geschoben wird. Sie redet dabei beruhigend auf ihn ein und bittet ihn, sich vor der Tür zu beruhigen. Dieses Verfahren führte aber in vielen Fällen dazu, dass Jonas entweder seine Wut an der Tür oder anderem Inventar ausließ bzw. er sich unbeaufsichtigt in der Schule bewegte und sich versteckte. Aus Gründen der nicht zu gewährleistenden Aufsicht wendet Frau Grabow Time – out daher kaum mehr an. Auch die Auszeit in einer höheren Klassenstufe ist nicht umsetzbar, da Jonas durch verbale Überzeugung nicht dazu zu bringen ist, den Raum zu verlassen und die Lehrer den gewaltfreien Umgang mit den Schülern sehr ernst nehmen. Meist bittet sie dann die anderen SuS, Jonas´ Klopfen zu ignorieren. Aber auch das führt natürlich nicht zu einer Deeskalation. Vielmehr zieht Jonas dadurch den Zorn der ganzen Klasse auf sich, der sich im Nachgang häufig durch verbale und manchmal auch körperliche Angriffe entlädt.

In den Pausen sucht Jonas wenig Kontakt zu Anderen, wird aber von seinen Mitschülern trotz seines Verhaltens zum Mitspielen aufgefordert und nimmt dann auch an Fange- und Geschicklichkeitsspielen oder spielerischen Raufereien teil. Dass Jonas´ trotz seines problematischen Sozialverhaltens von den übrigen Schülern größtenteils akzeptiert und einbezogen wird, zeigt, dass die Bemühungen der Lehrerin um eine gute Klassenatmosphäre Erfolg haben. An manchen Tagen aber weigert Jonas sich, den Klassenraum für die Hofpause überhaupt zu verlassen. Da die Lehrerin selbst Pausenaufsicht hat, kann sie ihn nicht allein im Raum lassen und versucht geduldig, ihn zum Rausgehen zu bewegen. Dieser Konflikt endet meist damit, dass Frau Grabow ihn letztendlich auf den Flur schiebt und die Tür abschließt. Daraufhin bekommt Jonas gewöhnlich einen extremen Wutanfall. Er versucht die Tür einzutreten und lässt sich nicht beruhigen. Die Lehrerin selbst muss dringend zur Aufsicht und versucht dann, eine andere Lehrkraft zu organisieren, die sich bis zum Stundenbeginn um Jonas kümmert. In der letzten Zeit zeigte er einige Male stereotype Verhaltensweisen, wie anhaltendes Pfeifen, das zum Hyperventilieren führte. Diese Situationen sind für die Verantwortlichen sehr aufreibend, da der Schüler jegliche Kontaktaufnahme verweigert bzw. aggressiv darauf reagiert. Klassenlehrerin und Betreuer vermuten, dass die Gründe für die zunehmend häufiger auftretenden Verhaltensstörungen in der derzeitigen Kontaktsperre zu seiner Mutter liegen. Durch sie erfuhr er zwar im Kleinkind- und Kindesalter massive Vernachlässigung und Gewalt, wurde daraufhin fremduntergebracht und scheint seiner Mutter gegenüber sehr ambivalente Gefühle zu hegen. Trotzdem freut er sich aber immer sehr auf die Besuchstage. Der Umgang zwischen Mutter und Sohn findet jedoch seit einigen Wochen nicht statt, da sie stark alkoholabhängig ist und derzeit keinen festen Wohnsitz hat.

Ein weiterer Auslöser für Jonas´ ausagierendes Verhalten ist der Fakt, dass die Schüler der 4. Klasse an einem Wochentag auf die anderen Klassen „aufgeteilt" werden. Dies geschieht regelmäßig, da Frau Grabow nur eine Teilzeitstelle hat und meist akuter Lehrermangel herrscht. Jonas reagiert auf die Vorankündigung, dass sie am nächsten Tag auf andere Klassen verteilt werden, mit Wutausbrüchen, Stühlewerfen etc. und kündigt an, nicht in die Schule zu kommen. (Was er aber muss, da er mit dem Fahrdienst vom Heim in die Schule gebracht wird.)

Begleitend bekommt Jonas einmal wöchentlich eine psychologische Therapie und auch Heimbetreuer und Lehrerin stehen in engem Kontakt. Obwohl aufgrund der Verhaltensstörungen auch die Frage nach einer neuerlichen Feststellung des sonderpädagogischen Förderbedarfs im Bereich „Emotionale und soziale Entwicklung" im Raum steht, sind alle involvierten Professionellen der Meinung, dass für Jonas ein Schulwechsel an eine Erziehungshilfeschule eine zusätzliche Belastung darstellen würde, die nicht förderlich wäre. Wie aber kann ein Lehrer mit klinisch auffälligen Schülern umgehen?

Das stete Anwachsen der Zahl an verhaltensauffälligen Schülern unterstreicht die Brisanz dieses Themas. Dabei liegt der Fokus eben nicht nur auf dem Umgang mit Schülern des Förderschwerpunkts „Emotionale und soziale Entwicklung", sondern bezieht sich auch auf Schüler des Förderschwerpunkts „Lernen". Auch letztere Schülerschaft, prinzipiell als „lernbeeinträchtigt" diagnostiziert, weist einen nicht unerheblichen Anteil an verhaltensauffälligen Schülern auf, der in den Statistiken als solcher aber nicht erscheint. Worin liegen aber die Gründe für die Komorbidität von Verhaltens- und Lernstörungen? Die Ursachen für die Entwicklung von Verhaltens-, wie auch für Lernstörungen sind vielfältig, Hochrisikofaktoren für beide Gruppen scheinen jedoch vor allem in ungünstigen familiären Aufwachsbedingungen zu liegen. Der überwiegende Teil verhaltensgestörter Kinder verzeichnet in seiner Biographie starke psychosoziale Belastungen und Traumataerfahrungen. Diese resultieren aus Handlungen von Personen ihres Umfelds, die als äußerst pathogen im Hinblick auf die Herausbildung einer Verhaltensstörung wirken und unter dem Begriff Kindesmisshandlung subsummiert werden. Misshandlungen geschehen zumeist im engsten familiären Raum, durch Erziehungsberechtigte, aber auch durch ältere Geschwister, und umfassen ein breites Spektrum. Die körperliche oder seelische Verletzung von Kindern geschieht dabei entweder als bewusste Handlung, d.h. direkte Gewalteinwirkung, wie Erniedrigung, permanente Drohungen, Schlagen, sexuellen Missbrauch, oder resultiert sehr häufig aus Vernachlässigung. Letzterer Aspekt schließt dabei sowohl die körperliche, als auch die emotionale Vernachlässigung eines Kindes ein. Emotionale Vernachlässigung in der Familie zeigt sich in einem Mangel an Wärme, Zuwendung und elterlicher Sorge in der Beziehung zum Kind. Kinder werden unzureichend beaufsichtigt bzw. sich selbst überlassen, ihnen wird Desinteresse oder feindliche Ablehnung entgegengebracht. Auch werden Kindern häufig zu Aufgaben genötigt, denen sie entwicklungsbedingt nicht gewachsen sind, bspw. die elterliche Sorge für jüngere Geschwister zu übernehmen. Emotionale Vernachlässigung ist also mit einem nicht hinreichenden - oder ständig wechselnden und dadurch nicht ausreichenden - emotionalen Beziehungsangebot gleichzusetzen. Kindesmisshandlung geht oft einher mit dem Aufwachsen in instabilen Beziehungsgefügen, mit häufig wechselnden Partnern von Mutter oder Vater, und führt in vielen Fällen dazu, dass das

Kind zu seinem Schutz in Pflegefamilien oder Heimen fremduntergebracht wird. Um es noch einmal zu verdeutlichen – diese defizitären Erfahrungen in der Familie gehören nicht nur zur Biographie von verhaltensgestörten Kindern, sondern werden in großem Maß auch von Kindern des Förderschwerpunkts „Lernen" gemacht. Nicht selten hört man von älteren Lehrkräften, die Klientel habe sich in den letzten 20 Jahren stark verändert - diese Schulform werde mehr und mehr zum Sammelbecken für Kinder aus sozial schwachen Familien, in denen mangelnde Fürsorge, Desinteresse und / oder Gewalt an der Tagesordnung sind - man habe es in Schulen des Förderschwerpunkts nicht mehr mit den „tatsächlich" lernbeeinträchtigten Schülern und deren Eltern zu tun und arbeite mehr und mehr mit Kindern und Jugendlichen, die sich im Grenzbereich zur klinischen Auffälligkeit befinden.

Dass Vernachlässigung und Gewalt in der Familie Hochrisikofaktoren für die Entwicklung von Verhaltensstörungen (und Lernstörungen) darstellen, ist keine neue Erkenntnis. Neuere Stichprobenuntersuchungen an Erziehungshilfeschulen belegen zudem, dass verhaltensgestörte Schüler vor allem im Bereich emotionaler Störungen, wie Angst oder Depressivität, sozialer Störungen sowie in den Bereichen aggressiven und delinquenten Verhaltens klinische Auffälligkeit zeigen.

Um ihrer pädagogischen Aufgabe gerecht zu werden, verstehen Lehrkräfte die Arbeit mit diesen „schwierigen" Schülern unter der Maßgabe „Erziehung geht vor" bzw. besser noch „Beziehung geht vor", scheitern aber allzu häufig gerade an Letzterem. Gestaltet sich der Beziehungsaufbau derart problematisch wie im Fallbeispiel beschrieben, versagen die Strategien des Classroom Managements, das ja, so Eichhorn, auf einer guten Lehrer – Schüler – Beziehung basiert. Insofern scheint ein genauerer Blick auf das Beziehungsverhalten und dessen Verursachungszusammenhänge angebracht.

Der Bindungsforscher Henri Julius von der Universität Rostock stellte bei besagten Stichprobenuntersuchungen in Schülergruppen von Erziehungshilfeschulen bzw. – projekten fest, dass Vernachlässigungserfahrungen unter den erlebten Beziehungstraumata am häufigsten vertreten waren: Knapp 80% der Kinder wurden als vernachlässigt kategorisiert. Davon erlitten 50% emotionale und knapp 30% körperliche Vernachlässigung, 20% der untersuchten Kinder wurden sowohl emotional, als auch körperlich vernachlässigt. Auffällig ist auch der Fakt, dass die emotional vernachlässigten Kinder von ihren primären Bezugspersonen vernachlässigt wurden. Aktive Zurückweisung, feindselige Ablehnung bzw. das Versagen von emotionaler

Zuwendung waren dabei die am häufigsten von den Kindern gemachten Beziehungserfahrungen.

Ähnlich häufig wie von Vernachlässigung waren die untersuchten Kinder in der Vergangenheit von Verlust betroffen, etwa die Hälfte der Kinder erlitten mehrfache Verlusterlebnisse. Zu dieser Gruppe gehören vorrangig die Kinder, die aufgrund von Vernachlässigung, Misshandlung und / oder sexuellem Missbrauch fremduntergebracht wurden und nicht selten bereits auf eine „institutionelle Karriere" mit mehrfachem Wechsel der Unterbringung zurückblicken. Auch Verluste und Beziehungsabbrüche, die zum Wohl des Kindes erfolgen, stellen eine hohe Belastung für Kinder dar.

Henri Julius´ Untersuchungen bestätigen die Annahme, dass Erziehungshilfeschüler in besonderem Maße von familiärer Gewalt und Vernachlässigung betroffen sind: Im Vergleich zu Kindern einer Regelgrundschule waren verhaltensauffällige Schüler in der Häufigkeit von erlebten Beziehungstraumata bis zu neunmal stärker betroffen! Dass etwa zwei Drittel der Kinder drei oder mehr solcher defizitären Erfahrungen ausgesetzt waren, erhöht den Traumatisierungsgrad erheblich, denn, wie aus der entwicklungspsychopathologischen Forschung bekannt, verstärken sich multiple Risikofaktoren in ihrer pathogenen Wirkung gegenseitig.

Die Ergebnisse dieser Stichprobenuntersuchung lassen keine kausalen Schlüsse zu, stützen aber die bisherigen Erkenntnisse zum Zusammenhang von familiärer Gewalt / Vernachlässigung und Verhaltensstörungen. Was aber geschieht in Folge solch defizitärer Beziehungserfahrungen auf psychischer Ebene? Die Bindungstheorie bietet für die Beantwortung dieser Frage einen hilfreichen Erklärungsansatz, da sie vom Zusammenwirken affektiver, kognitiver und sozialer Entwicklungssysteme bei der Persönlichkeitsbildung ausgeht. Aus bindungstheoretischer Sicht stellt die emotionale Entwicklung des Menschen die Grundlage für all seine sozialen und kulturellen Erfahrungen. Das Kind bildet analog zu seinen Bindungserfahrungen mit Bezugspersonen innere Arbeitsmodelle heraus, die sowohl affektive als auch kognitive Aspekte enthalten. Je nach Qualität der frühkindlichen Beziehungserfahrungen können Kinder ein sicheres, ein unsicher – vermeidendes, ein unsicher – ambivalentes oder ein desorganisiertes Bindungsmuster entwickeln. Diese sogenannten *inner working models* werden bei neuen Erfahrungen in der Interaktion mit Anderen herangezogen – als organisierende und emotions- und verhaltenssteuernde Schemata.

Die Ergebnisse besagter Stichprobenuntersuchung untermauerten den Zusammenhang zwischen familiärer Gewalt / Vernachlässigung und Verhaltensstörung auch hinsichtlich der internalisierten Bindungskonzepte: Dagegen zeigten ca. 21% ein unsicher – vermeidendes, 9% ein unsicher – ambivalentes Bindungsmuster. Die drastischsten Abweichungen im Vergleich zur nicht klinischen Stichprobe zeigen sich jedoch im Bereich des sicheren Bindungsmusters (lediglich 7% der Kinder wiesen eine sichere Bindung auf - im Vergleich zur Regelschulklasse mit über 40%!) und im Bereich des desorganisierten Bindungsmusters (mit fast 64% - gegenüber 18% in der Regelschulklasse!). Dass der weitaus größte Anteil der verhaltensgestörten Kinder auf ein desorganisiertes Bindungsmuster zurückgreift, ist dabei besonders alarmierend: Obwohl sich auch das unsicher - vermeidende (resultierend aus Zurückweisung und fehlender Unterstützung) und das unsicher – ambivalente Arbeitsmodell (resultierend aus unberechenbarem Verhalten gegenüber dem kindlichen Bedürfnis nach Nähe und Zuwendung) definitiv negativ auf Beziehungs- und Konfliktverhalten auswirken, werden diese beiden Bindungsmuster noch als organisiert gewertet. Das desorganisierte Arbeitsmodell hingegen stellt den Zusammenbruch von Verhaltens- und Aufmerksamkeitsstrategien dar: Das Kind sieht sich in angstauslösenden Situationen selbst als völlig hilflos und ausgeliefert, von der Bindungsfigur kann keinerlei Sicherheit erwartet werden. Diese Art von Bindung ist charakteristisch für Kinder, die von ihren Eltern Zurückweisung und Vernachlässigung erfahren, denen häufig mit Trennung gedroht wird und / oder die von den Eltern körperlich misshandelt oder sexuell missbraucht wurden bzw. werden. Zumeist ist die Bindungsfigur selbst der Auslöser der Angst. Wiederholtes Erleben solcher angstauslösender Situationen kann dazu führen, dass sein Bindungsbedürfnis häufig oder dauerhaft aktiviert wird, ohne dass die Bindungsfigur das Bedürfnis nach Zuwendung und Nähe befriedigen würde. Diesem seelischen Konflikt kann das Kind nur dadurch bewältigen, dass solche schmerzvollen Bindungserfahrungen in sogenannten *segregated systems* gespeichert werden. Diese Inhalte sind dann dem Bewusstsein nicht mehr zugänglich, können aber bei Aktivierung unkontrolliert ins Bewusstsein gelangen. Dies kann sich beim Sprechen über bindungsbezogene Situationen bspw. in Form von Tötungsphantasien äußern. Betroffene Kinder versuchen, den Abwehrmechanismus in Form von abgetrennten Systemen aufrechtzuerhalten und zeigen in bindungsrelevanten (Angst-)Situationen stereotypische Verhaltensweisen, mittels derer traumarelevante wie monotonen Singsang, rhythmisches Klopfen oder gleichmäßiges Vor- und Zurückwiegen des Oberkörpers. Im Grundschulalter fallen diese Kinder dadurch auf, dass sie ihre Bindungsfiguren stark kontrollieren - dies kann sich in besonderer Fürsorge aber auch in Form von strafendem Verhalten äußern. Verhaltensweisen, wie Jonas sie in beziehungsrelevanten Situationen der Lehrerin gegenüber zeigte, können demnach als Strategien gewertet werden, die ihm helfen, die innere Desorganisation zu bewältigen. Angesichts der dauernden Aktivierung ihres Bindungssystems verbleibt diesen Kindern im schulischen Alltag zu wenig Energie um in Lernsituationen zu explorieren. Außerdem verfügen sie über nur geringes Selbstvertrauen, da sie sich auf die Unterstützung ihrer Bezugspersonen eben nicht verlassen können. Kommt dazu noch eine verminderte Intelligenz (deren Entwicklung gleichfalls von famliären Aufwachsbedingungen abhängig ist!), werden diese Schüler zumeist dem Förderschwerpunkt „Lernen" zugewiesen. Zusammenfassend lassen die derzeitigen Forschungsergebnisse den Schluss zu, dass v.a. eine desorganisierte Bindungsqualität einen gemeinsamen Hochrisikofaktor für die Entwicklung von dissozialen Verhaltensstörungen und auch für Lernstörungen darstellt. Im Umgang mit Schülern, die Vernachlässigung und Gewalt erfahren haben, könnte demnach die Bindungstheorie einen hilfreichen Ansatz bieten, denn sie dient nicht nur als Erklärungsrahmen für die frühkindliche Eltern – Kind – Beziehung, sondern für vielfältige Beziehungsgefüge im Laufe der Entwicklung. Eine bindungstheoretisch verortete Intervention muss zwangsläufig auf die Veränderung des defizitären inneren Arbeitsmodells zielen. Aber ist dies überhaupt möglich oder gilt vielmehr „Einmal unsichere Bindung – immer unsichere Bindung"?

Dass Bindungsmuster grundsätzlich veränderbar sind, wurde bei Forschungen zu Kontinuität und Diskontinuität im Lebenslauf deutlich. Es ist anzunehmen, dass früh erworbene Beziehungsschemata bis zum Jugendalter Bestand haben, wenn keine tiefgreifenden Veränderungen in der Beziehung zwischen Kind und Bindungsfigur auftreten. Internale Arbeitsmodelle sind jedoch der Reflexion zugänglich und können somit verändert werden - es gibt zahlreiche prominente Beispiele von Menschen, die trotz desolater frühkindlicher Beziehungserfahrungen gelernt haben, selbst als feinfühlige und zuverlässige Eltern zu fungieren. Die Veränderung durch Reflexion setzt allerdings eine kognitive Reife voraus, die von (Grund-)Schulkindern nicht zu erwarten ist (und die sich auch eher in therapeutischen Settings nutzbar machen lässt). Eine reelle Chance besteht jedoch darin, dass unsichere Bindungsmuster durch neue, intensive Bindungserfahrungen verändert werden. Solche korrigierend wirkenden, neuen Bindungserfahrungen müssen nicht zwangsläufig zwischen Eltern und Kind gemacht werden, sondern sind auch in der Pädagogen- bzw. Erzieher - Kind – Beziehung indiziert. Vor allem Kinder, die in Heimen aufwachsen, sind - neben ihren Erziehern - auf Pädagogen als Bezugspersonen angewiesen. Sie erleben in ihrem Lebensumfeld im günstigsten Fall zuverlässige, sorgende und auch emotional verfügbare Betreuer. Sie befinden sich dabei aber in einer künstlichen, institutionell geprägten und bestimmten Arbeitsrhythmen unterliegenden Betreuungssituation, die meines Erachtens nach die kindlichen Ansprüche an Bindung und Nähe (analog eines natürlichen Eltern – Kind – Gefüges) nie erfüllen kann. Ähnlich verhält es sich mit Kindern, deren elterliche Sorgeberechtigte ungenügende Einsicht, Motivation oder Vermögen zeigen, ihren Kindern korrigierende Bindungserfahrungen zu ermöglichen. Diese Kinder benötigen mehr als andere auch in der schulischen Erziehungshilfe sichere Bezugspersonen, um das Defizit an sicherer Bindung ausgleichen zu können.

Um als sichere Bindungsfigur in Frage zu kommen, muss der Professionelle physische und emotionale Fürsorge garantieren, zuverlässig verfügbar sein und emotionale Beteiligung zeigen. Fraglich ist, wie eine ohnehin belastete Lehrkraft diesen hohen Ansprüchen gerecht werden kann?

Ein Großteil der Schüler, die selbst Vernachlässigung erfahren haben, macht es der potenziellen Bindungsfigur nicht leicht – er beleidigt und provoziert die Lehrkraft oder widersetzt sich hartnäckig deren Forderungen. Beziehungsgestörte Schüler arbeiten unbewusst auf Beziehungsabbrüche hin, sie testen, ob der Lehrer sie nicht doch ebenso vernachlässigt, wie sie es in früheren Beziehungen erlebt haben. In vielen Fällen führt das dazu, dass Pädagogen resigniert aufgeben und (nach Julius) in ein „komplementäres Bindungsverhalten" verfallen: Sie gehen in die Verteidigungshaltung, strafen die Schüler oder die Beziehung wird durch einen Klassen- o. Schulwechsel abgebrochen. Sie tragen somit zur Zementierung der bestehenden negativen Bindungserfahrungen bei. Um dies zu vermeiden und „trotzdem" bindungsgeleitet zu reagieren, ist es für die Lehrkraft essentiell, ein tiefes Verständnis für das breite Spektrum von störenden Verhaltensweisen zu entwickeln. Insbesondere die Arbeit mit Kindern, die ein desorganisiertes Bindungsverhalten zeigen, erfordert nach Julius außerdem nicht nur ein umfassendes Wissen um Entstehung desselben und adäquate Interventionen, sondern auch emotionale Unterstützung durch das Kollegium sowie begleitende Supervision über einen längeren Zeitraum. Undenkbar ist, dass ein Lehrer die Anforderungen zum Aufbau einer sicheren Bindung für all seine Schüler erfüllen könnte. Insofern muss die Anzahl der Kinder, zu denen ein Lehrer eine Bindungsbeziehung eingeht, beschränkt sein.

Obwohl in der Fachliteratur immer wieder darauf hingewiesen wird, dass der Beziehungsaufbau zwischen verhaltensgestörten Kindern und Pädagogen bzw. Erziehern die Grundlage für die pädagogische Arbeit darstellt (Hillenbrand spricht sogar vom „Primat der Beziehung"!), werden doch kaum konkrete pädagogische Konzepte zur Gestaltung dieser Beziehungen offeriert. Auch im Hinblick auf die zunehmend integrative Beschulung verhaltensgestörter Kinder sollten Lehrertrainings zur bindungsgeleiteten Intervention daher nicht nur ein Nischenangebot in Form von privaten Weiterbildungen darstellen, sondern stärker auch Bestandteil der Lehrerausbildung sein. Sicher kommt diese Art der Intervention nicht ad hoc für jeden Professionellen in Betracht, denn es ist davon auszugehen, dass Lehrkräfte, die möglicherweise selbst unsicher gebunden sind, emotional eher distanziert bleiben und Schwierigkeiten haben, bindungsgeleitet zu intervenieren. Außerdem muss damit gerechnet werden, dass sich die Veränderung internalisierter Beziehungserfahrungen mit großer Sicherheit als sehr langsamer Prozess gestaltet, in dem viel Geduld und diagnostisches Wissen vonnöten ist. Lehrertrainings zur bindungsgeleiteten Intervention vermitteln keineswegs ein „Allheilmittel", aber m. E. setzen sie genau da an, wo es vernachlässigte und bindungsgestörte Kinder am Nötigsten haben – an der Verlässlichkeit, der Nähe und emotionalen Fürsorge.

Literatur

Eichhorn, Christoph (2011). Classroom – Management. Wie Lehrer, Eltern und Schüler guten Unterricht gestalten (4. Aufl.). Stuttgart: Klett – Cotta.

Julius Henri (2009). Bindung und familiäre Gewalt-, Verlust- und Vernachlässigungserfahrungen. In Henri Julius, Barbara Gasteiger-Klicpera & Rüdiger Kißgen (Hrsg.), *Bindung im Kindesalter* (S. 13-26). Göttingen: Hogrefe.

Julius, Henri (2009). Bindungsgeleitete Interventionen in der schulischen Erziehungshilfe. In Henri Julius, Barbara Gasteiger-Klicpera & Rüdiger Kißgen (Hrsg.), *Bindung im Kindesalter* (S. 293-316). Göttingen: Hogrefe.

Kißgen, Rüdiger (2009). Kontinuität und Diskontinuität von Bindung. In Henri Julius, Barbara Gasteiger-Klicpera & Rüdiger Kißgen (Hrsg.), *Bindung im Kindesalter* (S. 65-84). Göttingen: Hogrefe.

Mueller, Karl – Heinz (2003). Schulische Wiedereingliederung sozialverhaltensgestörter Jungen: eine Aufgabe heilpädagogisch orientierter Heimerziehung (Reihe Pädagogik; 18). Herbholzheim: Centaurus.

BEI GRIN MACHT SICH IHR WISSEN BEZAHLT

- Wir veröffentlichen Ihre Hausarbeit, Bachelor- und Masterarbeit

- Ihr eigenes eBook und Buch - weltweit in allen wichtigen Shops

- Verdienen Sie an jedem Verkauf

Jetzt bei www.GRIN.com hochladen und kostenlos publizieren